DES
NATIONALITÉS EUROPÉENNES.

AVEC DEUX CARTES INDIQUANT LA DIVISION
DES PEUPLES SUIVANT LES LANGUES PARLÉES
ET LES RELIGIONS.

Par M. D'ARGENSON.

PRIX : 1 FRANC.

PARIS.
CHEZ E. DENTU, LIBRAIRE-ÉDITEUR,
PALAIS-ROYAL, 13, GALERIE D'ORLÉANS.

1859

PARIS. — IMPRIMÉ PAR E. THUNOT ET Cᵉ,
Rue Racine, 26, près de l'Odéon.

L'exclusion des Autrichiens de l'Italie et la constitu-
tion d'un état fédératif au delà des Alpes, formé de l'é-
lément Italien pur et pris dans son ensemble, est une
conception qui date de loin. Sans en chercher ailleurs
la trace, on la rencontre au dernier siècle dans les
deux traités de Turin de 1733 et 1745, conclus sous le
règne de Louis XV. Mais cette révolution, si facile en
apparence et pourtant constamment ajournée par des
difficultés et des entraves de toute nature, se lie à des
formules bien plus étendues de l'équilibre Européen.
C'est pourquoi nous avons cru devoir reproduire le
texte d'un projet conçu vers la fin de la guerre de
Crimée, et qui trouverait maintenant comme alors son
application. Ce plan n'ayant pas été publié, aura aussi
bien le mérite de la nouveauté que celui de l'à-propos.
Les hommes varient, les événements se succèdent, mais
les grands principes, les vérités premières sont immua-
bles et toujours de mise.

DES

NATIONALITÉS EUROPÉENNES.

On n'a jamais entendu prononcer aussi souvent que de nos jours le mot de *nationalités*. C'est surtout à l'occasion de la guerre d'Orient et de la paix de Paris que cette expression est devenue usuelle et familière. Ainsi l'on a reproché, fort inconsidérément selon nous, aux gouvernements pendant la guerre, aux plénipotentiaires chargés de mettre fin à ce grand conflit, de ne s'être pas suffisamment attachés à constituer les nationalités, à les consolider, à les garantir. Nous avons voulu, par les cartes et les tableaux qui font l'objet de ce travail, donner quelque clarté, quelque certitude à ces expressions bien vagues par elles-mêmes, bien confuses et bien indécises dans la bouche de ceux qui affectent de les répéter. Nous avons voulu faire connaître aux yeux, toucher au doigt pour ainsi dire, les caractères essentiels auxquels se reconnaissent les races qui forment la population Européenne, surtout les analogies et les différences de culte et de langage, ces deux liens essentiels qui réunissent les hommes ou les séparent.

En jetant les regards sur ces tables élémentaires, on jugera par aperçu ce qui forme essentiellement les nations, comment elles se coalisent et se décomposent. Puis il sera facile de les comparer avec la distribution suivant laquelle elles sont réparties par des principes assez différents, ceux qui sont nés de l'hérédité de certaines familles, du droit de propriété, ou bien aussi de la soumission volontaire, de l'adoption ou de la conquête.

Tel sera l'objet de ce tableau comparatif des populations classées par langues, par religions, enfin par souverainetés effectives.

Ce que nous sommes habitués à nommer *équilibre euro-péen* date du traité de Westphalie, et quoique tendant depuis lors à les resserrer plutôt qu'à les élargir, il n'a pourtant pas singulièrement varié dans ses bases essentielles. L'état précédent, fondé sur la féodalité qui procédait de deux chefs visibles et universels, le Pape et l'Empereur, offrait dans son ensemble une plus grande unité et une majesté plus imposante ; mais dans les détails on y rencontrait malheureusement une confusion, un mélange qui font encore le désespoir des historiens et des légistes, et offrant plutôt le germe que le côté pratique d'une organisation paisible et durable.

A partir du traité de Westphalie, les deux sommités se sont réduites ou écroulées, soit par l'indépendance que se sont arrogée les princes, soit par la liberté de conscience octroyée aux sujets. Cependant le nombre des souverainetés rivales est devenu de plus en plus restreint. Elle se sont contenues et limitées mutuellement par l'effet de leur jalousie réciproque, et fréquemment aussi se sont déchirées l'une l'autre en des querelles sanglantes qui, après d'immenses préparatifs et d'horribles conflagrations, ont abouti à des résultats de peu de valeur.

Tel est le sort ordinaire des guerres et des révolutions, non de fixer les nations, mais de les mettre en jeu, de les surexciter, de leur occasionner une fièvre chaude, après laquelle elles retombent dans l'épuisement, l'inanition et la torpeur, et restent dans un état peu différent de leur situation primitive. Quelque philanthropes et éclairés que nous devions supposer les négociateurs, que purent-ils faire arrivant à la suite de ces luttes affreuses, de ces convulsions excessives, de ces haines débordées et mal éteintes, sinon se hâter d'y apporter un terme immédiat et nécessaire? C'est ainsi que le congrès de Vienne, n'ayant point le loisir de consulter les vœux secrets ou les affinités des peuples épuisés et haletants, dut se borner à bander les plaies saignantes après trente années de déchirement et de violence.

Ramenant la France à d'anciennes limites, trop larges d'une part et trop étroites de l'autre, il agrandit les puissances victorieuses au moyen du sacrifice peu regretté de principautés de moindre valeur. Peut-être tenta-t-il, sous forme d'expérience, un seul essai vraiment national, et cet essai ne fut pas heureux; ce fut celui de l'unité Néerlandaise. Depuis lors, nous rencontrons encore quelques reconstitutions basées bien incomplétement sur des sentiments et des analogies populaires :

1° Le royaume de Grèce fondé en 1828 sur l'antipathie héréditaire entre les Hellènes et leurs dominateurs;

2° Le royaume de Belgique en 1831, motivé sur une opposition de religion plutôt que de langage, entre les provinces catholiques et les provinces calvinistes des anciens Pays-Bas. La ligne séparative des langues, qui ne fut point observée dans la Belgique propre, le fut pourtant dans le Luxembourg, divisé désormais en Luxembourg allemand et Luxembourg français.

A partir de 1848, nous apparaissent : l'entreprise digne d'un autre sort en faveur de la grande nationalité germanique centralisée à Francfort; l'insurrection plus téméraire que justifiée des Magyares, nation chevaleresque, mais qui fondait ses droits moins sur la liberté que sur d'anciens titres de conquête; l'autre tentative bien plus légitime, mais non moins étourdiment conduite des Italiens pour s'affranchir (*Italia fara da se*) ; enfin la lutte anti-Scandinave du Holstein, moins dédaignée au delà du Rhin qu'elle ne l'a été en Occident.

La dernière et la plus redoutable peut-être de toutes les guerres modernes est celle qui, durant trois années consécutives, a ensanglanté l'Orient, ayant ostensiblement pour base la poursuite de certains principes nationaux et religieux. Elle affecta le soutien de nationalités respectables, quoique plus ou moins exceptionnelles, Turque, Roumaine, Finlandaise, Caucasique et même Tartare. Surtout elle se colora de ce lustre religieux qu'elle empruntait à l'union du romanisme français, du calvinisme anglais avec le mahométisme, contre la suprématie de l'Église d'Orient ambitionnée par le Czar.

Néanmoins on peut dire que cette guerre affreuse, épouvantable, égalant, si elle ne dépasse, tous les fléaux qu'entassa jadis l'imagination des prophètes, puisqu'elle marchait armée, non-seulement des forces de l'homme, mais des puissances mystérieuses de la nature assujetties à l'homme par la science ; cette guerre, disons-nous, n'a porté d'autre enseignement que celui qui résulte généralement de toute guerre, la prépondérance de la force et de la discipline, le triomphe de la perfection militaire sur une organisation militaire aussi et digne de tenir la gageure avec quelque honneur. En ce sens, la guerre d'Orient, et par ce qu'elle a fait, et par ce qu'elle a dédaigné de faire, a été une grande démonstration, une exhibition sublime de ce que peut et que pourra un jour l'humanité contre l'humanité même, un magnifique symbole de victoire, de civilisation, de savoir, mais aussi de ravage, de destruction et de mort. Heureux d'en être quittes encore à ce prix, plaignons nos neveux avec la perspective des canons électriques, des boulets asphyxiants, des projections corrosives et des fusées incendiaires !

Que conclure donc de bonne foi de ce grand spectacle des temps actuels? Peu de choses en vérité, si ce n'est la prépondérance de la force appuyée sur l'intelligence, de l'extrême civilisation jointe à l'extrême autorité.

A moins pourtant que, nous reportant au fond même de la question, nous ne disions que ces luttes, qui ne sont qu'un jeu glorieux mais stérile, qu'une habile partie d'échecs dont les pions abattus sont des piles de cadavres, ne cesseront véritablement que lorsque les nations seront constituées à leur propre image. Quand chaque peuple sera peuple, les conquêtes deviendront impossibles et les usurpations tomberont d'elles seules.

Nos cadres doivent faire voir ce qui différencie les États des nations; ils doivent démontrer avec sincérité comme avec franchise, abstraction faite de préjugé natif et d'idée préconçue, ce que dans un avenir, sinon assuré, du moins hypothétique et rationnel, la politique pourrait et devrait être.

Langues en Europe.

LANGUES LATINES.

Espagnols et Portugais.	14,000,000	
Français, avec la Belgique, la Suisse, la Savoie, les îles de la Manche.	33,000,000	
(Compris 12 millions de Gascons, dans le midi de la France et la Catalogne.)		73 millions.
Italiens, avec la Corse, la Suisse italienne, les côtes de Dalmatie.	26,000,000	

LANGUES GERMANIQUES.

Prusse, Autriche, Confédération germanique, avec la Suisse, l'Alsace, la Transylvanie, etc.	48,000,000	
Scandinavie, côtes de la Baltique.	6,000,000	80 millions.
Flandre et Hollande.	3,000,000	
Angleterre, Écosse et Irlande.	23,000,000	

A reporter. . . 153 millions.

LANGUES SLAVES.

		Report. . . 153 millions.
Slaves Prussiens et Saxons.	2,700,000	
Autrichiens.	17,100,000	70 millions.
Dans la Turquie d'Europe.	3,200,000	
Russes et Polonais.	47,000,000	

LANGUES DIVERSES.

Roumains ou Moldo-Valaques.	4,500,000	
Hellènes.	3,000,000	
Albanais, Arnautes.	3,000,000	
Magyares.	3,000,000	20 millions.
Turcs (compris 500,000 Tartares Nogais). . . .	3,500,000	
Finnois, Lettons, Lithuaniens.	2,000,000	
Juifs disséminés de l'Europe orientale.	1,000,000	
Celtes, Irlandais, Bas-Bretons, Écossais. . . .	6,500,000	8 millions.
Basques ou Cantabres, Français et Espagnols.	1,500,000	
Total.		251 millions.

Religions en Europe.

Églises d'Orient.	60 millions.
Église romaine.	125
Protestants de diverses sectes.	58
Juifs.	2
Mahométans.	5,500,000
Païens.	500,000
Total.	251 millions.

État présent de l'Europe.

France.	35,000,000	32 millions langue latine, 1,500,000 Allemands, 1,500,000 Basques et Bretons.	33 millions catholiques, 2 millions luthériens et calvinistes.
Grande-Bretagne	25,000,000	3 millions Celtes, le reste Anglo-Saxons.	6 à 7 millions catholiques, le surplus protestants.
A reporter. . . .	60,000,000		

Report. . .	60,000,000		
Empire d'Autriche.	33,000,000	15 à 16 millions Slaves, 3 millions Magyares, 5 à 6 millions Italiens , le reste Allemands. .	Catholiques , sauf 2 millions de protestants en Hongrie et Transylvanie.
Russie d'Europe.	65,000,000	La majeure partie Slaves. — Allemands , Finnois , Lithuaniens, etc., 5 à 6 millions.	50 millions appartiennent au culte grec, le reste protestants, catholiques , juifs, mahométans et païens.
Prusse.	17,000,000	2 millions Slaves, le reste Allemands; un rayon de quelques lieues autour de Malmédy, dans l'ancien Limbourg, appartient à la langue française.	4 à 5 millions de catholiques ; le reste professe le culte évangélique, sorte de fusion des diverses sectes protestantes.
Suède et Norwége	4,000,000	Langue germanique.	Religion protestante.
Danemark.	2,000,000	*Id.*	*Id.*
Turquie.	8,000,000	Langues turque, slave, albanaise et grecque.	4 millions mahométans, 4 millions de la religion grecque ou arménienne, etc.
Moldavie, Valachie, Servie. .	4,800,000	Roumains et Slaves.	Religion grecque.
Belgique. . . .	4,000,000	Moitié langue germanique et moitié latine.	Catholiques.
Hollande. . . .	3,000,000	Germanique.	2/3 protestants, 1/3 catholiques.
Suisse.	2,600,000	Idiomes germanique, italien et francais. .	1/3 catholiques, 2/3 protestants.
Royaume de Naples et Sicile.	6,000,000	Langue latine.	Catholiques.
Modène.	400,000	Latins.	*Id.*
Parme.	500,000	*Id.*	*Id.*
États de l'Église.	3,000,000	*Id.*	*Id.*
Toscane.	1,500,000	*Id.*	*Id.*
États sardes. .	4,500,000	*Id.*	*Id.*, sauf quelques Vaudois.
Espagne. . . .	13,500,000	*Id.*	*Id.*
Portugal. . . .	3,500,000	*Id.*	*Id.*

A reporter. . . 236,300,000

Report. . .	236,300,000		
Grèce.	1,000,000	Grecs.	Grecs.
Hanovre.	1,600,000	Allemands.	Protestants.
Saxe.	1,600,000	Id.	Id.
Bavière.	4,100,000	Id.	2/3 catholiques, 1/3 protestants.
Wurtemberg. . .	1,600,000	Id.	Protestants, peu de catholiques.
Baden.	2,000,000	Id.	Moitié catholiques, moitié protestants.
Trois Hesses. . .	1,400,000	Id.	Protestants, calvinistes et luthériens; Mayence et les bords du Rhin sont catholiques.
Oldenbourg, duchés de Saxe, etc.	800,000	Id.	Protestants.
Mecklembourg. .	500,000	Id.	Id.
Malte, îles Ioniennes. . . .	300,000	Italiens et Grecs. . .	Catholiques.
	251,200,000		

Se reportant à ces grands tableaux, et pour un instant ne tenant point compte des détails, on voit que trois groupes principaux et de force semblable se partagent l'Europe au point de vue ethnographique. Ce sont les groupes des langues néolatines, germaniques et slaves.

Trois groupes également se la partagent au point de vue religieux : religions catholique, réformées et grecques ou orientales.

Une sorte de parité existe entre ces diverses catégories, sans qu'elles correspondent pourtant d'une manière bien régulière.

Occupons-nous d'abord des langues.

Les langues les plus répandues, avons-nous dit, sont les langues latine, germanique et slave. Derrière elles et seulement en seconde ligne, apparaissent des idiomes

fort distincts, mais parlés par un nombre d'individus relativement très-inférieur :

Le celte, le basque, le finnois et letton, le hongrois, le
roumain, l'albanais, le turc et le grec.

La famille des langues issues du latin renferme quatre ou
cinq tribus : le *français*, jadis la langue *d'oui* ou langue
académique ; la langue *d'oc*, celle des anciens troubadours,
dont le dernier a revécu sous l'emblème d'une fleur par-
fumée (1) ; l'italien, l'espagnol et le portugais.

Les langues germaniques se sont partagées depuis bien
des siècles en trois branches : l'allemand du Nord (*plattdeutsch*), l'allemand du milieu ou *saxon*, et l'allemand du
Sud ou le Souabe. Celui-ci, remarquable par sa rudesse et
ses aspirations exagérées, est parlé en Alsace, en Suisse,
en Bavière, en Autriche. Le *plattdeutsch*, plus coulant, mais
plus saccadé, est celui des plaines du Nord et de ces marais dont la garde fut jadis confiée aux marquis ou comtes
des marais (*markgrafen*). Il a engendré le hollandais ou
flamand (*dutsch*), et aussi l'anglais, mélange d'allemand
primitif et d'ancien français, approprié par la simplicité
de sa grammaire aux relations internationales, et qui est
devenu de nos jours, surtout en dehors de l'Europe, la
langue presque universelle. Ajoutons aux dialectes allemands celui des langues gothiques ou scandinaves, qui
règnent depuis le Holstein jusqu'au cercle polaire. L'allemand s'est encore propagé sur les côtes orientales de la
Baltique, vers le midi de la Russie, et surtout dans les
Alpes Transylvaniennes, où il constitue une nouvelle Saxe.

Le Slave, dont le domaine territorial occupe le plus d'es-
pace, se parle non-seulement en Russie et en Pologne
(c'est sa vraie patrie), mais jusqu'au centre de l'Allemagne,
dans la Bohême, la Moravie, dans les possessions autri-
chiennes de Hongrie, Esclavonie, Illyrie, dans les pro-

(1) Le jasmin.

vinces turques de Bosnie, Croatie, Servie, Bulgarie. A l'Est, il ne s'arrête qu'au Caucase, aux steppes des Calmoucks et des Bashkyres.

Le magyare ou hongrois est cantonné dans le centre de la Hongrie et dans les montagnes des Seklers en Transylvanie. Primitivement il se rapproche, dit-on, de l'estonien, du lithuanien, du finlandais, même du lapon.

Le grec se parle en Grèce propre, dans l'Archipel, la Roumélie, sur la côte de l'Asie Mineure.

L'albanais ou *skip* des montagnes de l'Épire est une langue peu étudiée, qui caractérise un peuple farouche et insubordonné. Ce peuple a su racheter sa vie et sa liberté sous la domination ottomane, en affectant la forme de l'islamisme; mais sous cette livrée, il a gardé son organisation native.

Une autre partie de la population albanaise a persisté dans ses anciennes croyances. Quels qu'ils soient, les Albanais musulmans, grecs ou catholiques (les mirdites), savent se reconnaître et faire corps dans l'intérêt commun.

Le turc ne se parle que dans les villes et leurs faubourgs, seulement même en certains quartiers. Chaque ville d'Orient a son quartier grec, son quartier turc, son quartier juif, arménien ou franc; chacun est fortifié et entouré de murailles crénelées. Du reste, il faudrait se garder de restreindre la population musulmane aux seuls descendants des Ottomans, bien que cette race ait été multipliée et perfectionnée par l'enlèvement des filles des vaincus et la polygamie. Il faut y comprendre les Albanais mahométans ou Arnautes qui forment l'élite de l'armée turque, les Bosniaques, peuple slave passé presque en masse à l'islamisme, les descendants des renégats de diverse origine.

Le gros de la nation turque est en Asie Mineure, où elle est prépondérante, jusqu'aux limites de la Syrie, où elle confine à la nation et à la langue arabes.

Les *Roumains*, dont on s'est beaucoup occupé de nos

jours, forment un noyau intermédiaire tout au travers des peuples Slaves. Ce noyau, de figure sphérique, englobe la Valachie, la Moldavie, la Bukowine, la Transylvanie, Banat et Marosch. Il appartient à la religion grecque. Qu'est d'ailleurs le Roumain, latin ou slave? Cette question est indécise, et probablement il participe de tous les deux. Slave d'abord, puis il s'est approprié des locutions latines provenant, soit des colonies de Trajan, soit aussi de cette nécessité qui oblige les peuples de races entremêlées à adopter des moyens d'entente commune. Le latin fut la langue universelle des savants au moyen âge. De même, il est devenu la langue triviale en Hongrie, en Pologne, etc. De là ses altérations et sa prononciation baroque et vicieuse; on sait l'adage :

Nos Pòloni, non cùramus quantïtatem syllãbarum.

Puis tant de mots inconnus de Cicéron : *ignifer*, un fusil; un pâté, *aristocritas*.

Enfin n'oublions pas le basque venu des Celtes et des Ibères, *nos Celtis genitos atque ex Iberis;* ni le celte pur qui a engendré le bas-breton, le gallois, le haut écossais, l'irlandais aborigène, langues sans cesse pourchassées comme des malfaitrices, mais obstinées comme le paysan l'est dans sa foi et dans son costume, restreintes aujourd'hui au petit peuple des vallées, des marais et des bourgades, connues seulement du pauvre et de ses amis le pasteur et le médecin de campagne.

Les Religions.

La religion *catholique-romaine* règne presque sans exception sur les langues néolatines. Mais elle les déborde et entraîne dans sa sphère les Celtes d'Irlande et presque la moitié des dialectes germaniques du continent, en Belgique, Autriche, Bavière, dans la Silésie et les provinces Rhénanes. Elle domine pareillement les populations Slaves de Pologne et de Bohême.

La religion *évangélique*, y compris ses diverses nuances, unit les groupes épars des peuples germaniques, séparés depuis la réformation en deux moitiés; ce qui n'a pas été la moindre cause de la dissolution de ce grand corps, lequel avait pour mission de tenir la balance au centre de l'Europe, et de repousser à distance les deux empires d'Orient et d'Occident. A l'Allemagne, la religion réformée joint la Scandinavie, la Hollande, l'Angleterre avec laquelle elle s'est plus identifiée qu'avec aucune nation du globe, la plus grande partie de la Suisse, d'où elle rayonne dans les provinces françaises.

Enfin le culte grec, ou l'*Église d'Orient*, est celui des nations Slaves qui habitent la Russie, la Hongrie, la Turquie d'Europe. Elle leur adjoint les Valaques, les Albanais et les Grecs. Les Arméniens, les Géorgiens et bien d'autres peuples répandus sur les confins de l'Europe et de l'Asie, s'y rattachent d'une manière plus ou moins directe.

Mentionnons le mahométisme clair-semé dans la Turquie propre, plus dense dans l'Albanie, la Bosnie, le long des rives méridionales du Danube, exerçant partout l'ascendant d'un peuple dominateur.

Le judaïsme, presque aussi nombreux dans ces provinces, aspire à une moindre importance; sa sagesse consiste à se contenter du crédit que lui vaut l'esprit de négoce, auquel ce peuple est merveilleusement assoupli par ses mœurs.

Les langues néolatines, française, wallonne, gasconne, italienne, espagnole et portugaise établissent parmi les nations qui les parlent une communauté irrécusable d'intérêts et de mœurs, d'institutions et de caractère.

La France est visiblement à leur tête; elle les précède et les dirige. Partout où le génie français aborde les populations latines, il les saisit, les fascine et les entraîne. Il se les assimile avec une aisance et une facilité qu'il est loin de rencontrer chez les peuples germaniques. Les Alpes et les Pyrénées ne lui sont point une barrière, tandis que la démarcation la plus légère qui la sépare de la race allemande semble infranchissable. La Corse, unie à la France à la fin du dernier siècle, est autant et plus française que l'Alsace qui l'est depuis plus de deux cents ans.

Les peuples d'origine latine (le Français surtout qui leur sert de modèle) ont à un haut degré les défauts de leurs qualités et les qualités de leurs défauts. Ce sont des nations vives, inconstantes, prime-sautières, scintillantes, présomptueuses et légères. Furibondes dans l'attaque, elles s'apaisent et se retournent avec une promptitude et une sincérité qui étonne tout autre qu'elles-mêmes. Leurs ennemis les redoutent, les jalousent, et cependant il faut faire effort pour les haïr.

La religion catholique latine, que ces nations professent presque exclusivement à toute autre, exerce sur elles un empire certain quoique souvent suspendu et désavoué. Rebelles à l'Église de Rome, elles lui sont toujours revenues comme un enfant désobéissant retourne à sa mère. La religion catholique, fortement échelonnée sous un clergé puissant, sous un chef sensible et réel, est douée d'une vigueur et d'une permanence qui n'appartiennent qu'à elle. Elle est avec ses pompes et sa magnificence la reine des sens, mais elle est aussi la reine des cœurs. Elle seule possède le mot qui charme, le baume qui console, la panacée des souffrances. Elle seule donne l'avant-goût de la béatitude des saints, du bonheur ineffable et mystique. Par ses invocations, elle fait descendre le rayon divin; à qui la croit, elle ouvre à deux battants les portes du ciel. C'est la religion des rois et des grands; car si elle leur impose des devoirs, elle apprend aussi aux peuples à les respecter. Mais c'est surtout la religion des pauvres, des malades et des infirmes; c'est celle des enfants, des vierges, de la veuve, de la pécheresse et du lépreux. Chez elle, point d'acception de rang, d'âge, de force, de mérite. Elle se nourrit de renoncement et se pare d'humilité. Chez elle jamais de dégoût, de dédain, de repoussement, de rebut. D'autres donnent, elle seule aime les pauvres. D'autres fraternisent du geste et de la parole, elle seule du cœur, car elle seule connaît la charité!

Et pourtant faut-il le dire, et à qui s'en prendre? trop souvent ce dédain exagéré du monde, ce souci exclusif du ciel, ont causé bien des mécomptes à l'espèce humaine. Parlerons-nous des persécutions religieuses et des abus de l'intolérance envers les hérétiques? A un certain point, ce fut l'état de guerre, et la vivacité des attaques dont il fut l'objet explique, si elle ne justifie, les excès commis au nom du catholicisme. Mais cette lutte engendrait aussi la vie, la rivalité, l'animation qui naît de la concurrence et du conflit. Ainsi les plus belles œuvres de charité, la fondation des hôpitaux, l'institution des sœurs hospitalières, celle des Pères de l'Oratoire, etc., datent du temps où les deux religions s'exercèrent simultanément en France, tant que dura l'édit de Nantes, plus tard encore jusqu'à l'extinction du jansénisme qui continua l'émulation religieuse sous un autre nom.

Mais trop souvent, là où le catholicisme a régné sans contestation et sans troubles, surtout la douceur du climat et la facilité de vivre y aidant, mais aussi par l'effet seul de cette soumission commandée et de l'opinion en la suffisance de certaines formules, les peuples sont tombés dans l'inertie, la paresse, l'engourdissement, et dans tous les désordres qui naissent d'une existence oisive. La décadence et l'infériorité relative des pays catholiques au dernier siècle a frappé tous les juges de bonne foi. Elle est reconnaissable au plus haut degré dans ces contrées tropicales, où il faut une extrême vigueur dans l'esprit pour surmonter la nonchalance du corps.

L'éducation exclusive des prêtres a trop longtemps inspiré à la jeunesse l'inaptitude aux travaux extérieurs, l'insuffisance qui jette plus tard en des aberrations de toute nature, que les pratiques seules sont impuissantes à réprimer quand on n'a pas appris de bonne heure l'utilité pour le bonheur même de la peine et des efforts. Disons pourtant que de nos jours seulement le clergé, guidé par l'expérience et les lumières de ses chefs, est revenu à un certain point de ses erreurs. En France surtout, il a étudié la science moderne avec ardeur, et s'est mis en état de l'enseigner. Il s'attachera à former des hommes, et ne se contentera pas de livrer au monde des béats ou de futurs débauchés. En agissant ainsi, il ne croira pas perdre de son ascendant sur ses pupilles. Le clergé a rempli dans nos derniers troubles civils un rôle essentiel; il a exercé un genre d'influence qui ne convient qu'à lui, et dans lequel il ne saurait être remplacé par personne.

La religion *réformée*, divisée originairement en deux branches principales issues, l'une de Luther, l'autre de Calvin, et depuis en une multitude de rameaux secondaires, s'est approprié près du tiers de l'Europe, et en dehors une portion illimitée de l'univers. Elle a l'avantage de régner sur les races les plus robustes et les plus prolifiques du globe, les nations d'origine germanique, les Hollandais, les Anglo-Saxons (1). On s'éloignerait beaucoup de la vérité si l'on supposait que cette diversité des sectes, que l'isolement et l'absence d'une impulsion commune et d'une direction centrale, ont plongé les nations protestantes dans le doute, la confusion et l'incrédulité. Tout au contraire, il y règne un ordre et une discipline que l'on ne s'attendrait pas à rencontrer sous de tels auspices. Les premiers réformateurs, tout en déclarant en principe la liberté

(1) Un auteur calviniste a calculé mathématiquement le temps qu'il faudra à la nation anglo-saxonne pour être maîtresse exclusive de l'univers, par sa force de propagation et la stérilité de ses concurrentes.

de lecture et d'examen, ont eu soin de restreindre cette liberté en de telles limites que, sauf de rares exceptions de
temps et de lieux, elle n'est point dégénérée en vague phi-
losophisme, en religion purement naturelle ou panthéisme,
ou, suivant l'expression reçue, en *rationalisme*. Certaines
grandes maximes ont survécu au naufrage, et habilement
ménagées elles ont suffi, étant généralement admises, pour
maintenir un certain ensemble en ce vaste corps composé
de parties si diverses. Ces principes qu'il faut bien énumérer
ici, car ils se rattachent au nœud même de la question, ont
été en premier lieu l'inspiration, c'est-à-dire l'origine cé-
leste des livres saints; puis dans l'interprétation même de
ces livres, certains dogmes précis et inviolables sur la per-
sonnalité de Dieu, sur son existence indépendante du monde
créé, sur la divinité du Christ, la chute et le rachat de
l'homme, la nécessité de la foi pour le salut, etc. Quoique
rejetant en apparence la source de la tradition, les réformateurs l'ont réellement conservée dans la partie essen-
tielle de l'explication des canons. Sinon ostensiblement,
tacitement du moins, ils ont reçu les décisions des quatre
ou cinq premiers conciles œcuméniques, sans lesquels la
prédication ne serait qu'une parole vaine, et qui véritablement ont institué l'*Église* (1). Ce qu'ils ont repoussé, ce sont
les décisions postérieures, plus importantes pour la forme
que pour le dogme. Il semble que celui-ci revête quelque
chose de plus grave, de plus imposant, de plus sévère,
de cette réprobation du mérite personnel et des observances extérieures, qui réprime plus crument l'orgueil de
l'homme et l'aplatit, pour ainsi dire, devant la rigueur des
textes et la splendeur de Dieu. L'homme serait écrasé, en
effet, si d'un autre côté le correctif ne se rencontrait dans

---

(1) Les *Mormons*, qui forment aujourd'hui la secte la plus excentrique,
et se sont relégués comme incompatibles au fond de leurs déserts, admet-
tent cependant dans toute sa rigueur la foi de Calvin. Les Mormons sont
vraiment *orthodoxes;* seulement ils pratiquent la polygamie des patriarches.

cette latitude qui le rend de lui-même son seul et unique juge. Sa Bible en main, le chrétien évangélique est adorateur et pontife à la fois.

Quoi qu'il en soit, les nations protestantes, ayant à leur tête l'Angleterre et les États-Unis, marchent, si ce n'est à la domination exclusive, du moins au peuplement effectif de l'univers. Après ces puissances formidables viennent la Hollande, la Prusse, le corps Germanique, autre pépinière de l'espèce humaine. En Allemagne, où les mœurs sont moins acerbes, où le caractère, quoique encore patient, est moins opiniâtre, la pensée religieuse a pris des allures moins rigides. Elle vient se fondre dans les abîmes de l'idéalité germanique, dans l'enthousiasme rêveur et méditatif, ou dans l'ergotisme des écoles. En revanche, le protestantisme Génevois, sous les formes françaises, renchérit encore sur le rigorisme des Anglais.

Les nations protestantes, particulièrement celles où domine la réforme de Calvin, comme la plus austère, se sont moulées en quelque sorte sur leur croyance et lui ont emprunté les qualités et les défauts qui les distinguent. Le culte individuel, la lecture et la méditation solitaires, rendent le christianisme calviniste plus régulier, plus droit, mais aussi plus personnel et plus inflexible que le catholicisme, chez lequel une part plus large est laissée à la sensibilité humaine. La fierté native de la race Anglosaxonne a été encline à s'attribuer ce qui est dit dans l'Écriture de la propension de Dieu en faveur de ses saints et des prérogatives qui leur sont promises. Puisant à pleines mains dans l'Ancien Testament, au moins autant que dans le Nouveau, elle y a recueilli, avec la stricte observation du sabbat, l'horreur de l'idolâtrie, et beaucoup de l'orgueil et de la dureté des Juifs à l'égard des gentils. C'est pourquoi dans ses relations journalières avec les races étrangères, chrétiennes et païennes, la nation Anglo-saxonne porte une âpreté et une roideur qui lui sont défavorables,

et les nations latines, dont l'abord est moins dédaigneux
et moins austère, sont généralement mieux accueillies.
Voilà ce qui explique, à la suite de sacrifices pécuniaires
immenses, le succès presque nul qu'ont eu les missions
évangéliques des Anglais. Pourtant il faut se garder, en
généralisant trop les torts des individus, d'adresser un
reproche immérité aux vrais philanthropes qu'a produits
l'Angleterre; il en est qui, comme les Howard et les
Wilberforce, ont su s'élever au-dessus d'étroits préjugés.
Parfois quelques grands bienfaits ont pu justifier l'extrême
richesse et la souveraine puissance. Il serait injuste de
méconnaître l'abolition de la traite, le signal donné à l'af-
franchissement des noirs, la civilisation portée dans quelques îles de l'Océanie, et même, avant de cruelles repré-
sailles, la conduite libérale à beaucoup d'égards de la Com-
pagnie des Indes, qui cherchait plutôt à protéger un peuple
débonnaire qu'à le pervertir sous prétexte de conversion,
comme cela se pratique ailleurs.

Partout la religion inspire des pensées sublimes; leur tra-
vestissement est venu de l'infirmité des hommes. Si la race
Anglo-saxonne marche en tête des peuples civilisés, elle se
vante aussi de marcher à la conquête de la liberté du
monde. Elle professe, si elle ne suit pas toujours, les principes les plus élevés de la morale. Surtout elle sait, ce que
nous avons longtemps méconnu, unir l'industrie à la piété,
faire concorder le monde extérieur avec le monde intime,
la terre avec le ciel, le travail avec le culte de Dieu. C'est
en pratiquant ces maximes qu'elle s'est répandue et qu'elle
a progressé; c'est ainsi qu'elle a pris grandement sur nous
les devants, et convenons-en, il était temps de s'y mettre
pour la rattraper. Peut-être tout n'est-il pas perdu. Le
Français est vif, alerte, ingénieux, s'il est inconstant et
léger. Il s'amuse en chemin, et quand il arrive la place est
prise. Étudions les Anglais et les Américains, sinon pour
les imiter en toutes choses, du moins pour nous corriger.

Ils lisent la Bible que nous ne connaissons que de nom, et ils y ont puisé plus d'un verset dont nous devrions faire profit. Ils se sont surtout attachés au 22ᵉ de la Genèse : *Croissez et multipliez.* Multipliez en nombre, et croissez en savoir, en intelligence, en activité, en génie, en vertus pratiques, et non pas seulement en théories abstraites.

Arrivons enfin à la troisième catégorie du christianisme, celle que nous traitons de *schisme de Photius*, qualification qu'elle nous rend bien, elle dont les titres valent les nôtres, s'ils se prennent à l'ancienneté. L'*Église d'Orient* diffère autant du protestantisme que la nôtre, et presque par les mêmes causes. Ainsi, à l'encontre de lui, elle est toute traditionnelle, et sa tradition ne s'écarte de la nôtre que sur des points secondaires. Elle a nos rites, notre liturgie, nos formes imposantes et majestueuses, la même ornementation. Si elle diffère, c'est pour avoir encore plus d'observances, de jeûnes, de cérémonies. Le célibat des clercs n'est point obligatoire, mais il n'en est pas moins honoré. A toutes ces formes extérieures, elle attache un grand prix, et place en seconde ligne ce que le protestantisme met à la première, le commandement écrit. Relativement au dogme, elle a, d'après nous, un tort immense à l'égard de Dieu, c'est celui de méconnaître son essence et de placer à la troisième personne, et réciproquement, ce qui doit être à la seconde (1). Mais ce qui lui fait le plus de mal au point de vue humain, c'est son défaut d'organisation et d'unité. Elle se divise en patriarchats, dont aucun ne possède de supériorité, ni même de succession stable et régulière. Sur le territoire le plus important dont se compose l'Église d'Orient, le patriarchat s'est confondu avec l'autorité temporelle. Ailleurs se rencontrent une multitude de dissidences plus ou moins bizarres, nées des aberrations des premières hérésies condamnées par les conciles. Ces dissidences reposent sur des

____

(1) Les protestants ne commettent point cette faute, car ils ont conservé dans leur profession de foi les mots *filioque*.

points de foi d'une haute importance dans l'origine, mais dont le sens est aujourd'hui perdu par ceux-là même qui les professent. Y compris tous ses satellites, Arméniens, Nestoriens, Coptes, etc., l'Église d'Orient embrasse près d'un tiers du christianisme effectif, et ne semble nullement disposée à décliner ou à s'éteindre. Son unification avec l'autorité en Russie lui a valu une sanction qui participe du devoir militaire, et là où cette autorité ne s'exerce pas directement, elle se convertit en protectorat presque nécessaire. C'est en Russie surtout que la religion d'Orient mérite d'être étudiée, sinon dans sa source, au moins dans ses conséquences. Voyez ce peuple Slave, le plus patient, le plus doux, le plus obéissant qui soit au monde, se prêtant à tous les services, à tous les ordres et les caprices du maître, agriculteur, mineur, manufacturier, militaire, militaire surtout, non par ambition, par amour des récompenses et de la gloire, par pur dévouement et par soumission loyale ; laborieux, non pour s'enrichir, car il ne gagnera pas même la liberté dont il ne saurait que faire, docile et pourtant intelligent, humble et pourtant brave, incapable de résistance à ses chefs, et pourtant énergique et valeureux. A part le caractère natif, croyez que la religion qui lui est enseignée contribue puissamment à lui valoir ces mérites. Cette obéissance aveugle aux ordres, fussent-ils les plus insensés, c'est le devoir qui l'impose. Ce calme, cette impassibilité, cette indifférence aux souffrances physiques, c'est la résignation du chrétien sur cette terre, sa confiance en un monde meilleur. Cette vigueur, cette opiniâtreté dans le succès, surtout cette ténacité, cette persistance dans la défaite, sont des actes de foi et d'adoration envers Dieu et le Czar.

Le paysan russe est le serviteur accompli, le soldat russe est le soldat modèle. Ne lui demandez rien de plus ; il ne veut et ne sait qu'obéir. Le Français a l'initiative ; l'Anglais, au plus haut degré, l'énergie virile. Le Russe a la passiveté, la persévérance, et à la longue ces qualités triomphent des autres. Bien guidé, disait Napoléon Ier, le soldat russe est le premier de tous. Que manque-t-il donc aux armées pour le succès? Chez le soldat, rien; chez l'officier, la science mieux appliquée dans l'art de tuer, l'intelligence vouée plus habilement à la destruction. C'est en quoi nous sommes supérieurs; cela n'est pas étonnant, car nous avons l'antériorité. Mais la nation russe est souverainement intelligente; elle est apte à tout, elle s'approprie toutes sciences, comme elle s'approprie les langues parlées ailleurs. Elle a subi sans sourciller la plus rude des épreuves; ses masses anéanties, ses réserves foudroyées, sans que pas une de ses vertus se soit démentie, ni même ait été un instant ébranlée. Elle a passé une fois de plus à la grande école des peuples, la guerre. Elle a cruellement reçu la férule. Mais il est dans sa nature de n'être pas plus terrifiée du boulet que du knout. Son caractère ne comporte ni humiliation, ni découragement, ni faiblesse.

Le *mahométisme*, guidé par la fatalité, a jonché l'Orient de ruines. Puis il s'est assoupi dans la mollesse, et ne s'est réveillé par instants comme le lion que pour se jeter en de nouveaux excès. Maintenant le voilà convié à se réformer. Si la volonté manque, la nécessité l'exige. Il n'a été préservé qu'à ce prix d'une ruine certaine. Mais on nous assure que l'Alcoran mieux compris doit faire honte des violences qu'il a paru conseiller. C'est une mine nouvelle de tolérance, de concorde, de bénignité à exploiter. Il y eut là un malentendu de plus à joindre à la liste si nombreuse de ceux qui ont eu cours parmi les hommes. Espérons!... — Le *culte israélite* est trop disséminé pour pouvoir exercer une influence politique autre que celle qu'il reçoit de la fortune personnelle de quelques banquiers. On dit que ceux-ci vont se coaliser afin de reconstituer une principauté juive en Palestine. Certains alarmistes y croient voir un signe des temps, un de ces présages de la fin du monde annoncés par l'Apocalypse. Disons plutôt que Moïse a été le plus grand comme le premier en date des législateurs. Sa loi, bonne pour les siens il y a quatre mille ans, leur est presque encore applicable aujourd'hui, et la nécessité des temps y trouverait peu à rectifier. Étrange persistance et vertu vraiment miraculeuse qui ferait retrouver, après quatre mille ans, la même loi pour le même peuple, et le même peuple pour la même loi.

Cela rentre dans notre thèse première : il y a des signes indélébiles, et qui survivent à toutes les vicissitudes et à tous les égarements.

Conclusion.

Si des stations élevées dans lesquelles nous avons tenté de planer, nous redescendons à l'état actuel de l'Europe, nous reconnaîtrons au moins comme admissibles, les assertions suivantes que l'on voudra bien juger comme ayant autant de valeur que bien d'autres rêveries.

I. L'*Empire français* doit exercer la primauté incontestée sur les langues latines, et notamment sur les deux Péninsules méridionales qu'elles occupent. Il a pour lui la prééminence de l'esprit français, la supériorité du goût, la gloire des armes, l'honneur des lettres, l'entente des arts. Il a de plus la sympathie de la langue et de la religion. Le chef de l'Église lui appartient, ou plutôt il est lui-même au souverain pontife. La France n'est-elle pas la fille aînée de l'Église ? L'empereur est à lui. De plus, l'origine corse de celui-ci le place sur la limite des deux dialectes principaux. La gloire des Bonaparte est autant italienne que française. L'aimable compagne que Napoléon III s'est choisie est espagnole.

Pourrait-on ajouter, sans crainte de déplaire, que précisément ce genre de politique sagement conçue, lentement ménagée, profondément mûrie, qui éclate et qui se fixe à point, cette ténacité intime sous une écorce d'indifférence et d'apathie, ont quelque chose de florentin, de même que fut chez l'oncle l'amour de l'ostentation et de l'éclat, joint à un fond inné de superstition fataliste?

Au surplus, la distinction est malaisée; car l'Italien d'origine devient aussi promptement et aussi complétement Français que le Gascon ou le Provençal. Le protectorat de l'Italie par la France serait bien autrement avantageux à l'Italie même que celui de toute autre couronne, fût-elle italienne de nom. Comme jadis la vice-royauté d'Eugène, elle serait la plus sûre garantie d'indépendance contre l'envahissement des barbares transalpins. L'Espagne s'est toujours montrée plus récalcitrante aux tentatives qui ont eu lieu dans le même sens. Le souvenir de sa grandeur passée, sa fierté hautaine et obstinée, et comme on disait autrefois dans un sens favorable, sa *rodomontade*, exige-raient d'extrêmes ménagements. Pourtant l'intérêt bien en-tendu lui conseillerait tôt ou tard une fusion plus intime. (Déjà il n'y a presque aucune différence entre la Catalogne et le Roussillon.) L'alliance ne serait pas moins favorable au Portugal, auquel pèse depuis longues années la tutelle de l'Angleterre. Cette association de tout le sud-ouest de l'Europe, jadis rêvée par les diverses branches de la maison de Bourbon, porterait en dot à la France la suzeraineté de la moitié du globe, de ces terres infinies où la race latine a répandu d'abondantes semences, jeté des racines pro-fondes; où ses rejetons ne sauraient oublier ni renier la mère patrie, car ils n'ont fait que se flétrir, languir et dégénérer depuis qu'ils ont été détachés d'elle.

II. Mais autant la France éprouverait de facilité à se ré-pandre au midi, autant elle devrait être réservée sur ses frontières de l'est et du nord. En échange de la Belgique et de la Suisse françaises, elle devrait renoncer même en deçà du Rhin à toute anticipation sur la nationalité allemande. La conquête n'y saurait fructifier ; le temps n'y peut rien. L'allemand est une langue trop vivace pour s'oublier, trop cultivée pour être anéantie par des décrets. Dirigez vos foudres universitaires sur le patois auvergnat ou bas-normand ; peut-être arriverez-vous à la longue à dépouiller leur croûte aborigène. Mais croyez-le, contre la belle parole des Goethe, des Jean de Muller, vos efforts seront impuissants ! L'allemand perce et renaît à travers les entraves qui ont pour objet de l'abroger ou de le restreindre. Que les hommes l'abandonnent, et il revivra dans les traditions et les légendes.

Mais plutôt laissons-le à lui-même, car il s'appartient. Rappelons-nous le chant héroïque du barde de la liberté (1) :

Was ist des Deutschen Vaterland?

Où est la patrie allemande? Elle est partout où résonne la langue radicale des Teutons. Le cours du Rhin avec ses deux rives, depuis sa source jusqu'à son embouchure, est proprement le milieu et le foyer de la Germanie. C'est le pays des villes libres et des châteaux forts, la patrie des Hohenstauffen, des Wittelsbach, des Hapsbourg.

Non loin de là s'est perpétué le souvenir d'Arioviste, celui d'Arminius et de Witikind. Dans la forêt Hercynienne, les légions romaines couchées dans le lit funèbre ont reçu la visite des ossements français, inhumés à la suite de la journée de Leipzig, la journée des peuples, *die Vœlkerschlacht.* De cette mêlée des trois jours, comparable aux fatales défaites d'Attila et d'Abdérame, l'anniversaire se fête le long du Rhin, de montagne en montagne, par des feux ardents.

Le drapeau de l'union germanique a été arboré de nos jours à Francfort sur le Mein. Hélas! les funestes rivalités entre les deux camps du nord et du sud, des protestants et

____

(1) Arndt.

des catholiques, des Saxons et des Souabes, de la Prusse
et de l'Autriche, se sont opposées à cette grande rénova-
tion. Elles ont amené presque aussitôt un triste réveil à un
rêve sublime. A un grand peuple il eût fallu un grand chef.
Ils prirent un postillon là où il fallait un héros. Mânes des
Othon, des Barberousse, des Maximilien, des Frédéric II,
où étiez-vous et qu'étiez-vous devenues? Au dehors, ce
grand spectre de la nation germanique ressuscitée causa
d'abord l'épouvante, bientôt après l'indifférence et la sus-
picion. Une politique étroite et mesquine nous dissuada de
tendre à un peuple frère une main fraternelle. Que nous a
servi d'avoir à notre tête un poëte, pour méconnaître la voix
de l'histoire et de la poésie? Que faire à présent, à moins
de tout bouleverser, sinon se contenter d'un lien fédéral
plus serré, d'un empire alternatif entre la Prusse et l'Autriche? Celle-ci gagnerait en respect ce qu'elle perdrait en
territoire, à redevenir une puissance purement allemande
et à rejeter tout alliage étranger.

III. Le sceptre de l'empire Slave, par les droits incontes-
tables tirés du passé comme du présent, de fait et de droit,
ne saurait appartenir qu'à la Russie. L'existence d'un empire
d'Occident appelle et détermine celle d'un empire d'Orient,
Antoine et Octave, Valens et Valentinien, Arcadius et Hono-
rius, Charlemagne et Irène, Alexandre et Napoléon. Reste
à répartir la vaste étendue du territoire Slave, qui peut
donner place à des modes divers de gouvernement, à des
satellites évoluant autour d'un orbite commun. Pourquoi la
Hongrie et la Pologne ne feraient-elles pas deux républi-
ques chevaleresques, pourvues d'institutions libérales ser-
vant d'escorte et de modératrices à l'autocratie?

De même pour la Roumanie, l'Albanie, la Grèce, la
Grèce surtout, cette mère des lettres et des arts, garantie
libre et inviolable sous la sauvegarde et le respect commun
des nations.

IV. Mais l'Angleterre, dira-t-on, quel sera son sort dans ce grand partage? L'Angleterre, grâce à sa situation insulaire, se soustrait aux destinées du continent. C'est, à proprement parler, une colonie Germaine, une échappée des Saxons, de même que les États-Unis sont une échappée de seconde main, un essaim sorti de la mère ruche et s'étant arrogé le *self-government*. Les affinités naturelles de l'Angleterre seraient donc avec l'Allemagne du Nord, avec la Prusse dont elle partage les croyances religieuses et le langage, avec le Hanovre et la Saxe, d'où ses princes sont originaires.

Si elle a répudié momentanément ces alliances, cette politique n'a pu être de durée. L'Angleterre a pour elle les mers, les colonies, la navigation. C'est un lot superbe, si elle s'en contente. Aussi bien son influence continentale dans les dernières années a-t-elle été trompeuse et vacillante. Répudiant les grandes traditions des Chatham, des Fox, des Canning, elle s'était livrée aux mains des empiriques et des brouillons. Par delà les mers, son théâtre d'action est indéfini. Elle peut partager l'immensité du globe avec les nations latines. Il y a place pour les unes et les autres, sans se coudoyer de longtemps.

A celles-ci, c'est-à-dire à nous, l'Amérique centrale et méridionale, le Mexique, les Antilles, les côtes orientales et occidentales de l'Afrique. — Aux Anglais et aux Nord-Américains tout le reste, les grandes Indes, le Cap, l'Australie, puis encore les établissements hollandais des îles de la Sonde, etc.

Désormais il n'y a plus cinq parties du monde; il n'y en a qu'une seule : l'Europe est partout; elle s'extravase et se déverse de toutes parts. Mais partout aussi elle porte avec elle ses divisions, ses inimitiés, ses combats. Comme les verres qui grossissent, nous donnons à nos défauts et à nos petitesses des proportions gigantesques. Un ciron devient un monstre difforme. Pris entre le missionnaire protestant et le prêtre catholique, le pauvre sauvage des mers du Sud ne sait auquel entendre. Il se réfugie dans le doute et l'ivresse. Ce sont les seuls dons que nous lui ayons apportés. Civilisés que nous sommes, ou que nous nous disons, n'abusons donc point d'une supériorité sans mérite si elle n'est maîtresse d'elle-même. Ménageons les faibles, soulageons les opprimés, ayons pitié des déchus, et berçons les peuples enfants. Efforçons-nous de leur faire aspirer goutte à goutte l'âcre breuvage de la civilisation; épargnons-leur ces raffinements qui tuent.

Ce que fait la violence, la violence tôt ou tard le renverse. La modération est meilleure conseillère; elle est avare de ce qu'elle emprunte au temps. Mais en partant traçons bien notre route; bien engagés, nous arriverons au but tôt ou tard : nous nous égarerons si le premier pas est fait à l'inverse du bon sens. Nos rois ont aggloméré la France, grâce à une politique traditionnelle fondée sur la sagesse, et ont ainsi recruté lentement la nation la plus compacte de l'univers. Croit-on que des siècles de domination rendront jamais l'Italie autrichienne, la Galicie et le duché de Posen allemands? Là où les incompatibilités viennent se heurter, vainement tentera-t-on un pacte qui n'aura rien d'effectif ni de stable. En Amérique, nous voyons s'engager une lutte sanglante et stérile entre les colonies saxonnes et espagnoles du nouveau monde. Ces exemples sont pris au hasard, et pourtant ils ont partout leur application.

Cependant il faut aussi remarquer que tout dans l'humanité tend à se resserrer, et les éléments similaires à se confondre. Que les petits et les faibles se résignent : le temps des Tell est passé; Gessler est trop bien cuirassé pour pouvoir être jeté à bas d'un trait d'arbalète.

Tout grandit avec le monde. Les vastes empires seront désormais seuls possibles, parce qu'eux seuls peuvent servir de défense et d'abri, eux seuls peuvent se maintenir contre la rivalité et l'émulation. Nous avons vu la République elle-même, quand elle a prétendu se fonder parmi nous, affecter des airs de solidarité, de concentration tels qu'on a cru trouver un lieu de relâche dans l'autorité absolue.

Les libertés locales sont moyen âge. Au temps présent, il faut les grands pouvoirs environnés de grandes institutions.

FIN.

Paris. — Imprimé par E. Thunot et Cᵉ, rue Racine, 26.

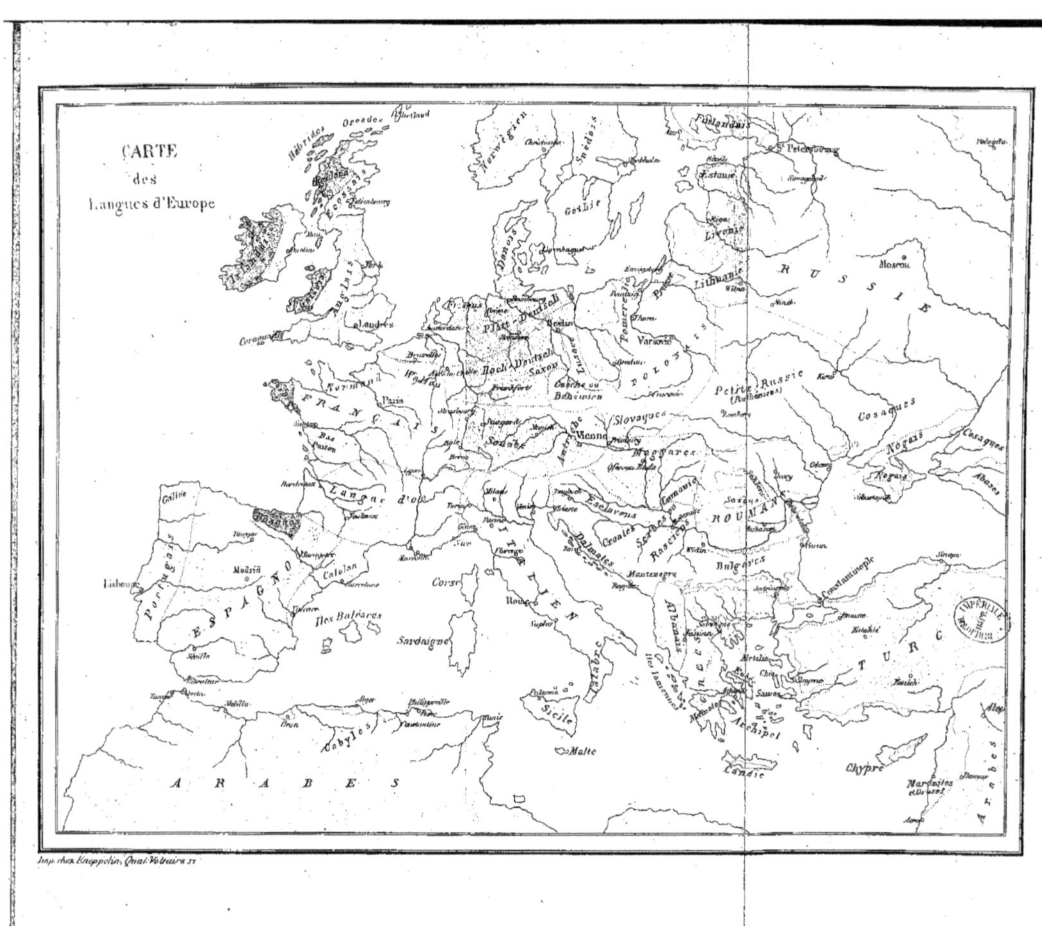

CARTE
des
Langues d'Europe

Imp. chez Kaeppelin, Quai Voltaire 15

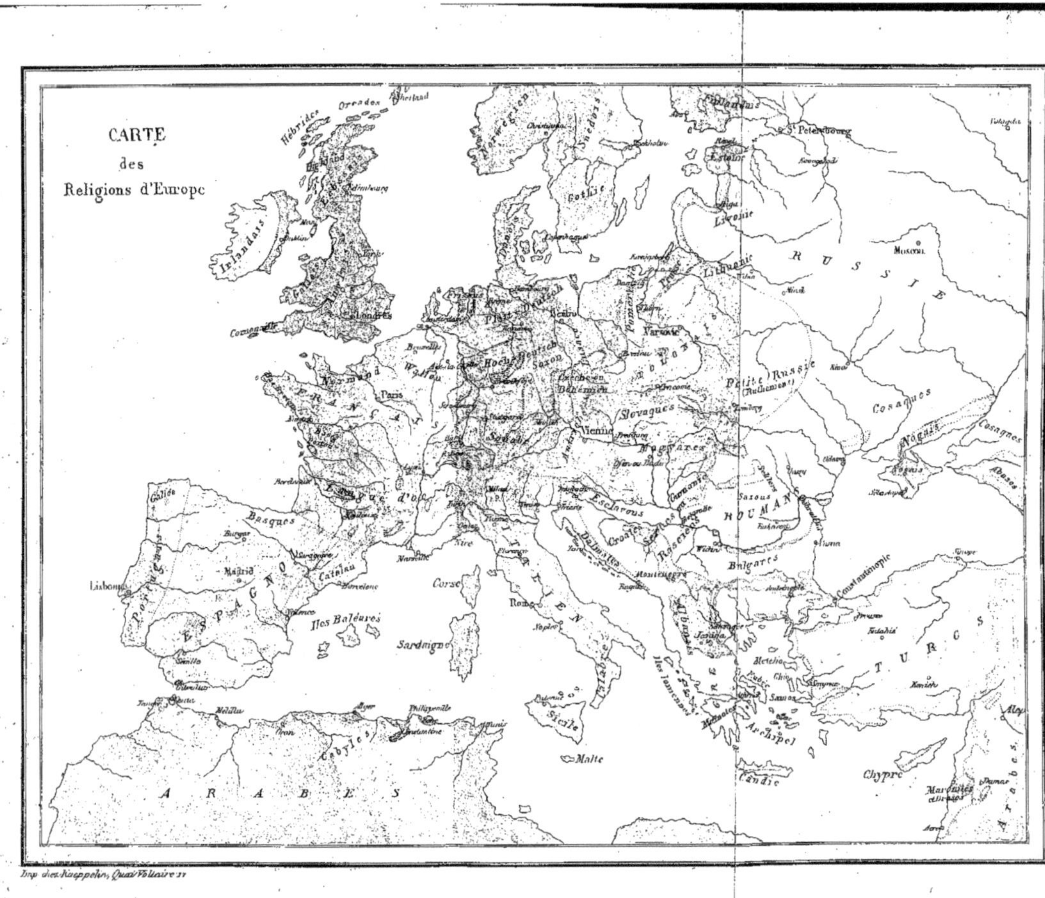
CARTE
des
Religions d'Europe
FRANCE
ESPAGNO
PORTUGAL
Irlandais
Londres
Paris
Madrid
Lisbonne
Barcelone
Catalan
Basques
Galice
Iles Baléares
Sardigne
Corse
Rome
Naples
Sicile
Malte
ARABES
Kabyles
Oran
Alger
Philippeville
Constantine
Tunis
RUSSIE
MOSCOU
Petite Russie
(Ruthéniens)
Cosaques
Nogais
Lithuanie
Livonie
Riga
Reval
St Petersbourg
Koenigsberg
Vienne
ROUMAIN
Slovaques
Magyares
Esclavons
Croates
Dalmatie
Bulgares
Monténégre
Albanais
GRECE
TURCS
Constantinople
Smyrne
Archipel
Candie
Chypre
Maronites
d'Irlande
Arabes
Hébrides
Orcades
Shetland
Gothie
Copenhague
Stockholm
Hochdeutsch
Saxon
Bohémien
Langue d'oïl
Bordeaux
Narbonne
Nice
Florence
Imp. chez Kaeppelin, Quai Voltaire 15